AF107320

www.ingramcontent.com/pod-product-compliance
Lightning Source LLC
LaVergne TN
LVHW010410070526
838199LV00065B/5927
* 9 7 8 9 3 6 9 0 8 8 8 7 4 *

میں پیار کا راہی ہوں

منتخب فلمی نغمے

راجہ مہدی علی خاں

مرتبہ : اعجاز جبید

© Taemeer Publications LLC

MaiN Pyar ka Rahi Hoon *(Film Songs)*
by: Raja Mehdi Ali Khan
Edition: June '2025
Publisher :
Taemeer Publications LLC (Michigan, USA / Hyderabad, India)

ISBN 978-93-6908-887-4

مصنف یا ناشر کی پیشگی اجازت کے بغیر اس کتاب کا کوئی بھی حصہ کسی بھی شکل میں بشمول ویب سائٹ پر اَپ لوڈنگ کے لیے استعمال نہ کیا جائے۔ نیز اس کتاب پر کسی بھی قسم کے تنازع کو نمٹانے کا اختیار صرف حیدر آباد (تلنگانہ) کی عدلیہ کو ہو گا۔

© تعمیر پبلی کیشنز

کتاب	:	**میں پیار کا راہی ہوں** (فلمی نغمے)
مصنف	:	**راجہ مہدی علی خاں**
صنف	:	شاعری
ناشر	:	تعمیر پبلی کیشنز (حیدر آباد، انڈیا)
سالِ اشاعت	:	۲۰۲۵ء
صفحات	:	۹۲
سرورق ڈیزائن	:	تعمیر ویب ڈیزائن

فہرس

آپ کی پرچھائیاں 3
ان پڑھ 7
مدہوش 15
ایک مسافر ایک حسینہ 17
وہ کون تھی 23
دلہن ایک رات کی 35
نیلا آکاش 42
جال 49
شہید 52
اینتا 55

1

بھائی بہن	57
جعلی نوٹ	59
آنکھیں	68
ریشمی رومال	72
ضدی	76
دو بھائی	78
معصوم	81
میرا سایہ	85
مٹی میں سونا	87

آپ کی پرچھائیاں

موسیقار : مدن موہن
آواز : لتا منگیشکر

راگ: دربار کانڑا

اگر مجھ سے محبت ہے مجھے سب اپنے غم دے دو
ان آنکھوں کا ہر اک آنسو مجھے میری قسم دے دو
اگر مجھ سے محبت ہے۔۔۔

تمہارے غم کو اپنا غم بنا لوں تو قرار آئے
تمہارا درد سینے میں چھپا لوں تو قرار آئے
وہ ہر شے جو تمہیں دکھ دے مجھے میرے صنم دے دو
اگر مجھ سے محبت ہے۔۔۔

شریک زندگی کو کیوں شریک غم نہیں کرتے
دکھوں کو بانٹ کر کیوں ان دکھوں کو کم نہیں کرتے
تڑپ اس دل کی تھوڑی سی مجھے میرے صنم دے دو
اگر مجھ سے محبت ہے۔۔۔۔

ان آنکھوں میں نہ اب مجھ کو کبھی آنسو نظر آئے
صدا ہنستی رہیں آنکھیں سدا یہ ہونٹ مسکائیں
مجھے اپنی سبھی آہیں سبھی درد و الم دے دو
اگر مجھ سے محبت ہے۔۔۔۔
★★★

آواز: محمد رفیع

راگ: دربار کانڑا

میں نگاہیں ترے چہرے سے ہٹاؤں کیسے
لٹ گئے ہوش تو پھر ہوش میں آؤں کیسے
میں نگاہیں۔۔۔

چھا رہی تھی تری مہکی ہوئی زلفوں کی گھٹا
تیری آنکھوں نے پلا دی تو میں پیتا ہی گیا
توبہ توبہ توبہ توبہ توبہ توبہ
میں نگاہیں۔۔۔

شوخ نظریں یہ شرارت سے نہ باز آئیں گی

کبھی روٹھیں گی کبھی مل کے پلٹ جائیں گی
تجھ سے نبھ جائے گی نبھ جائے گی
تجھ سے نبھ جائے گی میں ان سے نبھاؤں کیسے
میں نگاہیں ترے چہرے سے ہٹاؤں کیسے
میں نگاہیں ۔۔۔
***

ان پڑھ

موسیقار : مدن موہن
آواز : لتا منگیشکر

ہے اسی میں پیار کی آبرو
وہ جفا کریں میں وفا کروں
جو وفا بھی کام نہ آ سکے
تو وہی کہیں کہ میں کیا کروں
ہے اسی میں پیار کی آبرو

مجھے غم بھی ان کا عزیز ہے

کہ انہیں کی دی ہوئی چیز ہے
مجھے غم بھی ان کا عزیز ہے
کہ انہیں کی دی ہوئی چیز ہے
یہی غم ہے اب مری زندگی
اسے کیسے دل سے جدا کروں
ہے اسی میں پیار کی

جو نہ بن سکے میں وہ بات ہوں
جو نہ ختم ہو میں وہ رات ہوں
جو نہ بن سکے میں وہ بات ہوں
جو نہ ختم ہو میں وہ رات ہوں
یہ لکھا ہے میرے نصیب میں
یوں ہی شمع بن کے جلا کروں
ہے اسی میں پیار کی

نہ کسی کے دل کی ہوں آرزو
نہ کسی نظر کی ہوں جستجو
نہ کسی کے دل کی ہوں آرزو
نہ کسی نظر کی ہوں جستجو
میں وہ پھول ہوں جو اداس ہوں
نہ بہار آئے تو کیا کروں
ہے اسی میں پیار کی

***

آواز : لتا منگیشکر

آپ کی نظروں نے سمجھا پیار کے قابل مجھے
دل کی اے دھڑکن ٹھہر جا مل گئی منزل مجھے
آپ کی نظروں نے سمجھا

جی ہمیں منظور ہے آپ کا یہ فیصلہ
جی ہمیں منظور ہے آپ کا یہ فیصلہ
کہہ رہی ہے ہر نظر بندہ پرور شکریہ
ہنس کے اپنی زندگی میں کر لیا شامل مجھے
دل کی اے دھڑکن ٹھہر جا مل گئی منزل مجھے
آپ کی نظروں نے سمجھا

آپ کی منزل ہوں میں میری منزل آپ ہیں
آپ کی منزل ہوں میں میری منزل آپ ہیں

کیوں میں طوفاں سے ڈروں میرا ساحل آپ ہیں
کوئی طوفانوں سے کہہ دے مل گیا ساحل مجھے
دل کی اے دھڑکن ٹھہر جا مل گئی منزل مجھے
آپ کی نظروں نے سمجھا

پڑ گئیں دل پر مرے آپ کی پرچھائیاں
پڑ گئیں دل پر مرے آپ کی پرچھائیاں
ہر طرف بجنے لگیں سیکڑوں شہنائیاں
دو جہاں کی آج خوشیاں ہو گئیں حاصل مجھے
آپ کی نظروں نے سمجھا پیار کے قابل مجھے
دل کی اے دھڑکن ٹھہر جا مل گئی منزل مجھے
آپ کی نظروں نے سمجھا
***

آواز : لتا منگیشکر

وہ دیکھو جلا گھر کسی کا
یہ ٹوٹے ہیں کس کے ستارے
وہ قسمت ہنسی اور ایسے ہنسی
کہ رونے لگے غم کے مارے
وہ دیکھو جلا گھر کسی کا
یہ ٹوٹے ہیں کس کے ستارے
وہ دیکھو جلا گھر کسی کا

گیا جیسے جھونکا ہوا کا
ہماری خوشی کا زمانہ
دئے ہم کو قسمت نے آنسو
جب آیا ہمیں مسکرانا

بنا ہم سفر ہے سونی ڈگر
کدھر جائیں ہم بے سہارے
وہ دیکھو جلا گھر کسی کا
یہ ٹوٹے ہیں کس کے ستارے
وہ دیکھو جلا گھر کسی کا

ہیں راہیں کٹھن دور منزل
یہ چھایا ہے کیسا اندھیرا
کہ اب چاند سورج بھی مل کر
نہیں کر سکے گا سویرا
گھٹا چھائے گی بہار آئے گی
نہ آئیں گے وہ دن ہمارے
وہ دیکھو جلا گھر کسی کا
یہ ٹوٹے ہیں کس کے ستارے
وہ دیکھو جلا گھر کسی کا

ادھر رو رہی ہیں آنکھیں
ادھر آسماں رو رہا ہے
مجھے کر کے برباد ظالم
پشیمان اب ہو رہا ہے
یہ برکھا کبھی تو رک جائے گی
رکیں گے نہ آنسو ہمارے
وہ دیکھو جلا گھر کسی کا
یہ ٹوٹے ہیں کس کے ستارے
وہ دیکھو جلا گھر کسی کا

***

مدہوش

موسیقار: مدن موہن

آواز: طلعت محمود

راگ: جونپوری

مری یاد میں تم نہ آنسو بہانا
نہ جی کو جلانا مجھے بھول جانا
سمجھنا کہ تھا ایک سپنا سہانا
وہ گزر از مانہ مجھے بھول جانا
مری یاد میں۔۔۔۔

جدا میری منزل جدا تیری راہیں
ملیں گی نہ اب تیری میری نگاہیں
مجھے تیری دنیا سے ہے دور جانا
نہ جی کو جلانا مجھے بھول جانا
مری یاد میں ۔ ۔ ۔

یہ رو رو کے کہتا ہے ٹوٹا ہوا دل
نہیں ہوں میں تیری محبت کے قابل
مرا نام تک اپنے لب پہ نہ لانا
نہ جی کو جلانا مجھے بھول جانا
مری یاد میں ۔ ۔ ۔

***

ایک مسافر ایک حسینہ

موسیقار : او۔پی۔ نیر

آوازیں : محمد رفیع، آشا بھوسلے

راگ: کروانی

رفیع : میں پیار کا راہی ہوں،
تری زلف کے سائے میں
کچھ دیر ٹھہر جاؤں
آشا : تم ایک مسافر ہو
کب چھوڑ کے چل دو گے
یہ سوچ کے گھبراؤں
رفیع : میں پیار کا راہی ہوں،

رفیع : تیرے بن جی لگے نہ اکیلے
آشا : ہو سکے تو مجھے ساتھ لے لے
رفیع : نازنیں تو نہیں جا سکے گی
چھوڑ کر زندگی کے جھمیلے
نازنیں ۔۔۔
نازنیں تو نہیں جا سکے گی
چھوڑ کر زندگی کے جھمیلے
آشا : جب بھی چھائے گھٹا
یاد کرنا ذرا
سات رنگوں کی ہوں میں کہانی
رفیع : میں پیار کا راہی ہوں،

رفیع : پیار کی بجلیاں مسکرائیں
آشا : دیکھئے آپ پر گر نہ جائیں
رفیع : دل کہے دیکھتا ہی رہوں میں

سامنے بیٹھ کر یہ ادائیں
دل کہے۔۔۔
دل کہے دیکھتا ہی رہوں میں
سامنے بیٹھ کر یہ ادائیں

آشا : نہ میں ہوں، نازنیں
نہ میں ہوں، مہ جبیں
آپ ہی کی نظر ہے دیوانی

رفیع : میں پیار کا راہی ہوں،
تری زلف کے سائے میں
کچھ دیر ٹھہر جاؤں

آشا : تم ایک مسافر ہو
کب چھوڑ کے چل دو گے
یہ سوچ کے گھبراؤں

رفیع : میں پیار کا راہی ہوں،

***

آوازیں : محمد رفیع، آشا بھوسلے

راگ: کیدارا

رفیع : آپ یوں ہی اگر ہم سے ملتے رہے
دیکھئے ایک دن پیار ہو جائے گا
آشا : ایسی باتیں نہ کرو او حسیں جادوگر
میرا دل تیری آنکھوں میں کھو جائے گا
رفیع : آپ یوں ہی اگر ہم سے ملتے رہے

رفیع : پیچھے پیچھے مرے آپ آتی ہیں کیوں
میری راہوں میں آنکھیں بچھاتی ہیں کیوں
آپ آتی ہیں کیوں

آشا : کیا کہوں آپ سے یہ بھی اک راز ہے
ایک دن اس کا اظہار ہو جائے گا
رفیع : آپ یوں ہی اگر ہم سے ملتے رہے

رفیع : کیسی جادوگری کی ارے جادوگر
تیرے چہرے سے ہٹتی نہیں یہ نظر
ہے مری یہ نظر
آشا : ایسی نظروں سے دیکھا اگر آپ نے
شرم سے رنگ گلنار ہو جائے گا
رفیع : آپ یوں ہی اگر ہم سے ملتے رہے
دیکھئے ایک دن پیار ہو جائے گا

رفیع : میں محبت کی راہوں سے انجان ہوں
کیا کہوں کیا کروں میں پریشان ہوں
میں پریشان ہوں

21

آشا : آپ کی یہ پریشانیاں دیکھ کر

میرا دل بھی پریشان ہو جائے گا

رفیع : آپ یوں ہی اگر ہم سے ملتے رہے

دیکھئے ایک دن پیار ہو جائے گا

آپ یوں ہی اگر ہم سے ملتے رہے

دیکھئے ایک دن پیار ہو جائے گا

ایسی باتیں نہ کرو حسیں جادوگر

میرا دل تیری آنکھوں میں کھو جائے گا

***

وہ کون تھی

موسیقار : مدن موہن
آواز : لتا منگیشکر

جو ہم نے داستاں اپنی سنائی آپ کیوں روئے
تباہی تو ہمارے دل پہ آئی آپ کیوں روئے
ہمارا درد و غم ہے یہ اسے کیوں آپ سہتے ہیں
یہ کیوں آنسو ہمارے آپ کی آنکھوں سے بہتے ہیں
غموں کی آگ ہم نے خود لگائی آپ کیوں روئے
جو ہم نے داستاں اپنی سنائی آپ کیوں روئے

بہت روئے مگر اب آپ کی خاطر نہ روئیں گے

نہ اپنا چین کھو کر آپ کا ہم چین کھوئیں گے
قیامت آپ کے اشکوں نے ڈھائی آپ کیوں روئے
جو ہم نے داستاں اپنی سنائی آپ کیوں روئے

نہ یہ آنسو رکے تو دیکھئے پھر ہم بھی رو دیں گے
ہم اپنے آنسوؤں میں چاند تاروں کو ڈبو دیں گے
فنا ہو جائے گی ساری خدائی آپ کیوں روئے
جو ہم نے داستاں اپنی سنائی آپ کیوں روئے

***

آواز : آشا بھوسلے

شوخ نظر کی بجلیاں، دل پہ مرے گرائے جا
میرا نہ کچھ خیال کر، تو یوں ہی مسکرائے جا
شوخ نظر کی بجلیاں۔۔۔

جاگ اٹھی ہے آرزو، جیسے چراغ جل پڑے
اب تو وفا کی راہ میں، ہم تیرے ساتھ چل پڑے
چاہے ہنسائے جا ہمیں، چاہے ہمیں رلائے جا
شوخ نظر کی بجلیاں۔۔۔

چین کہیں کسی گھڑی، آئے نہ تیرے بن مجھے
کاش میں اس جہاں سے، چھین لوں ایک دن تجھے
میں تیرے ساتھ ساتھ ہوں، چاہے نظر بچائے جا
شوخ نظر کی بجلیاں۔۔۔

منزل عشق دور ہے، دور بہت ہی دور ہے
آ مرا ہاتھ تھام لے، روح تھکن سے چور ہے
اپنے جہاں کو چھوڑ کر، میرے جہاں پہ چھائے جا

آواز: لتا منگیشکر

راگ: پہاڑی کروانی کلیان

نینا برسے رم جھم رم جھم پیا تورے آون کی آس

نینا برسے رم جھم رم جھم

نینا برسے ۔ ۔ ۔ برسے ۔ ۔ ۔

وہ دن میری نگاہوں میں وہ یادیں میری آہوں میں

یہ دل اب تک کھٹکتا ہے تری الفت کی راہوں میں

سونی سونی راہیں سہمی سہمی باہیں

آنکھوں میں ہے برسوں کی پیاس

نینا برسے رم جھم رم جھم

نینا برسے ۔ ۔ ۔ برسے ۔ ۔ ۔

نظر تجھ بن مچلتی ہے محبت ہاتھ ملتی ہے
چلا آ میرے پروانے وفا کی شمع جلتی ہے
او میرے ہم راہی میں پھرتی ہوں گھبرائی
جہاں بھی ہے تو آ جا میرے پاس
نینا برسے رم جھم رم جھم
نینا برسے ۔ ۔ ۔ برسے ۔ ۔ ۔

ادھورا ہوں میں افسانہ جو یاد آؤ چلے آنا
مرا جو حال ہے تجھ بن وہ آ کر دیکھتے جانا
بھیگی بھیگی پلکیں چھم چھم آنسو چھلکے
کھوئی کھوئی آنکھیں ہے اداس
نینا برسے رم جھم رم جھم
نینا برسے ۔ ۔ ۔ برسے ۔ ۔ ۔

یہ لاکھوں غم یہ تنہائی محبت کی یہ رسوائی

کٹی ایسی کئی راتیں نہ تم آئے نہ موت آئی

یہ بندیا کا تارا جیسے ہوا نگار ا

مہندی میرے ہاتھوں کی اداس

نینا برسے رم جھم رم جھم پیا تورے آون کی آس

نینا برسے ۔ ۔ ۔ برسے ۔ ۔ ۔

★★★

آوازیں : لتا منگیشکر، مہندر کپور

مہندر : چھوڑ کر تیرے پیار کا دامن
یہ بتا دے کہ ہم کدھر جائیں
لتا: ہم کو ڈر ہے کہ تیری باہوں میں
ہم خوشی سے نہ آج مر جائیں

لتا : مل گئے آج قافلے دل کے
ہم کھڑے ہیں قریب منزل کے
مسکرا کر جو تم نے دیکھ لیا
مٹ گئے ہنس کے سب گلے دل کے
مہندر کپور : کتنی پیاری ہیں یہ حسیں گھڑیاں
ان سے کہہ دو یہیں ٹھہر جائیں
لتا : ہم کو ڈر ہے کہ تیری باہوں میں

ہم خوشی سے نہ آج مر جائیں

مہیندر کپور : تیرے قدموں پہ زندگی رکھ دوں
اپنی آنکھوں کی روشنی رکھ دوں
تو اگر خوش ہو میں ترے دل میں
اپنے دل کی ہر اک خوشی رکھ دوں
لتا : میرے ہمدم مری خوشی یہ ہے
تو نظر آئے ہم جدھر جائیں
مہیندر : چھوڑ کر تیرے پیار کا دامن
یہ بتا دے کہ ہم کدھر جائیں

لتا : دیکھ کر پیار ان نگاہوں میں
دیپ سے جل گئے ہیں راہوں میں
تم سے ملتے نہ ہم تو یہ دنیا

ڈوب جاتی ہماری آہوں میں
مہیندر کپور : اپنی آہوں سے آج یہ کہہ دو
اب نہ ہونٹوں پہ عمر بھر آئیں
چھوڑ کر تیرے پیار کا دامن
یہ بتا دے کہ ہم کدھر جائیں
لتا : ہم کو ڈر ہے کہ تیری باہوں میں
ہم خوشی سے نہ آج مر جائیں

***

آواز: لتا منگیشکر

راگ: پہاڑی

لگ جا گلے کہ پھر یہ حسیں رات ہو نہ ہو
شاید پھر اِس جنم میں مُلاقات ہو نہ ہو
لگ جا گلے ۔ ۔ ۔ اے ۔ ۔ اے

ہم کو ملی ہیں آج یہ گھڑیاں نصیب سے
جی بھر کے دیکھ لیجیے ہم کو قریب سے
پھر آپ کے نصیب میں یہ بات ہو نہ ہو
شاید پھر اِس جنم میں مُلاقات ہو نہ ہو
لگ جا گلے ۔ ۔ ۔ اے ۔ ۔ اے

پاس آئیے کہ ہم نہیں آئیں گے بار بار
باہیں گلے میں ڈال کے ہم رولیں زار زار

آنکھوں سے پھر یہ پیار کی برسات ہو نہ ہو
شاید پھر اِس جنم میں مُلاقات ہو نہ ہو

لگ جا گلے کہ پھر یہ حسیں رات ہو نہ ہو
شاید پھر اِس جنم میں مُلاقات ہو نہ ہو
لگ جا گلے ۔ ۔ ۔ اے ۔ ۔ اے

***

دلہن ایک رات کی

موسیقار : مدن موہن
آواز : لتا منگیشکر

کئی دن سے جی ہے بیکل
اے دل کی لگن اب لے چل
مجھے بھی وہاں میرے پیا ہیں جہاں
میرے پیا ہیں جہاں

بچھڑی نظر نظر سے تو بے چین ہو گئی
ایسے لگا کہ جیسے کوئی چیز کھو گئی
اب ان کے بنا ہوں ایسے

جیسے نینا بن کاجل
کئی دن سے جی ہے بیکل
اے دل کی لگن اب لے چل
مجھے بھی وہاں میرے پیا ہیں جہاں
میرے پیا ہیں جہاں

آئی جوان کی یاد تو سانسیں مہک گئیں
آنکھوں میں بجلیاں سی ہزاروں چمک گئیں
جس اور اٹھیں یہ نظریں لہرائے پیار کے بادل
کئی دن سے جی ہے بیکل
اے دل کی لگن اب لے چل
مجھے بھی وہاں میرے پیا ہیں جہاں

***

آواز : محمد رفیع

اک حسیں شام کو دل میرا کھو گیا
پہلے اپنا ہوا کرتا تھا
اب کسی کا ہو گیا
اک حسیں شام کو

مدتوں سے آرزو تھی
زندگی میں کوئی آئے
سونی سونی زندگی میں
کوئی شمع جھلملائے
وہ جو آئے تو روشن زمانہ ہو گیا
اک حسیں ۔ ۔ ۔

میرے دل کے کارواں کو
لے چلا ہے آج کوئی
شبنمی سی جس کی آنکھیں
تھوڑی جاگی تھوڑی سوئی
ان کو دیکھا تو موسم سہانا ہو گیا
اک حسیں۔۔۔
***

آواز : لتا منگیشکر

سپنوں میں اگر میرے تم آؤ تو سو جاؤں
بانہوں کی مجھے مالا پہناؤ تو سو جاؤں
سپنوں میں کبھی ساجن بیٹھو مرے پاس آ کے
جب سینہ پہ سر رکھ دوں میں پیار میں شرما کے
اک گیت محبت کا تم گاؤ تو سو جاؤں
سپنوں میں اگر میرے تم آؤ تو سو جاؤں

بیتی ہوئی وہ یادیں ہنستی ہوئی آتی ہیں
لہروں کی طرح دل میں آتی کبھی جاتی ہیں
یادوں کی طرح تم بھی آ جاؤ تو سو جاؤں
سپنوں میں اگر میرے تم آؤ تو سو جاؤں

***

آوازیں : لتا منگیشکر، مہیندر کپور

لتا : آپ نے اپنا بنایا مہربانی آپ کی
مہربانی آپ کی
ہم تو اس قابل نہ تھے
ہم تو اس قابل نہ تھے
ہم تو اس قابل نہ تھے ہے قدردانی آپ کی
مہربانی آپ کی
آپ نے اپنا بنایا

مہیندر : آج ہم نے دل کے بدلے آپ کو دل دے دیا
آج ہم نے دل کے بدلے آپ کو دل دے دیا
لتا : اس عنایت اس نوازش اس کرم کا شکریہ
ہم نے بھی دل میں چھپا لی یہ نشانی آپ کی

دونوں : مہربانی آپ کی

دونوں : آپ نے اپنا بنایا

مہیندر : کیا بتائیں آپ کے بن اور کچھ بھاتا نہیں

کیا بتائیں آپ کے بن اور کچھ بھاتا نہیں

لتا : ہم کو اپنی خوش نصیبی پر یقیں آتا نہیں

ایک تو پیغام الفت پھر زبانی آپ کی

دونوں : مہربانی آپ کی

لتا : ہم تو اس قابل نہ تھے ہے قدردانی آپ کی

مہربانی آپ کی

آپ نے اپنا بنایا مہربانی آپ کی

دونوں : آپ نے اپنا بنایا

***

نیلا آکاش

موسیقار : مدن موہن

آوازیں : محمد رفیع، آشا بھوسلے

رفیع : آپ کو پیار چھُپانے کی بُری عادت ہے

آپ کو پیار چھُپانے کی بُری عادت ہے

آشا : آپ کو پیار جتانے کی بُری عادت ہے

آپ کو پیار جتانے کی بُری عادت ہے

دونوں : آپ کو پیار

لتا : آپ نے سیکھا ہے کیا دِل کے لگانے کے سِوا

رفیع : آپ کو آتا ہے کیا ناز دِکھانے کے سِوا

اور ہمیں ناز اُٹھانے کی بُری عادت ہے

اور ہمیں ناز اُٹھانے کی بُری عادت ہے

لتا : آپ کو پیار جتانے کی بُری عادت ہے

دونوں : آپ کو پیار

رفیع : کِس لیے آپ نے شرما کے جھُکا لی آنکھیں

کِس لیے آپ نے شرما کے جھُکا لی آنکھیں

کِس لیے آپ نے شرما کے جھُکا لی آنکھیں

آئے ہائے

لتا : اِس لیے آپ سے گھبرا کے بچا لی آنکھیں

آپ کو تیر چلانے کی بُری عادت ہے

آپ کو تیر چلانے کی بُری عادت ہے

رفیع : آپ کو پیار چھُپانے کی بُری عادت ہے

دونوں : آپ کو پیار

لتا : ہو چکی دیر بس اَب جائیے گا جائیے گا
ہو چکی دیر بس اَب جائیے گا جائیے گا
رفیع : بندہ پرور ذرا تھوڑا سا قریب آئیے گا
آپ کو پاس نہ آنے کی بُری عادت ہے
آپ کو پاس نہ آنے کی بُری عادت ہے
لتا : آپ کو پیار جتانے کی بُری عادت ہے
دونوں : آپ کو پیار

***

آواز : محمد رفیع

آخری گیت محبت کا سنا لوں تو چلوں
آخری گیت محبت کا سنا لوں تو چلوں
میں چلا جاؤں گا
میں چلا جاؤں گا دو اشک بہا لوں تو چلوں
میں چلا جاؤں گا

آج وہ دن ہے کہ تو نے مجھے ٹھکرایا ہے
آج وہ دن ہے کہ تو نے مجھے ٹھکرایا ہے
اپنا انجام ان آنکھوں کو نظر آیا ہے
وحشت دل میں ذرا ہوش میں آ لوں تو چلوں
وحشت دل میں ذرا ہوش میں آ لوں تو چلوں
میں چلا جاؤں گا

آج میں غیر ہوں کچھ دن ہوئے میں غیر نہ تھا

آج میں غیر ہوں کچھ دن ہوئے میں غیر نہ تھا
میری چاہت مری الفت سے تجھے بیر نہ تھا
میری چاہت مری الفت سے تجھے بیر نہ تھا
میں ہوں اب غیر یقیں دل کو دلا لوں تو چلوں
میں چلا جاؤں گا

تیری دنیا سے میں اک روز چلا جاؤں گا
تیری دنیا سے میں اک روز چلا جاؤں گا
اور گئے وقت کی مانند نہیں آؤں گا
پھر نہ آنے کی قسم آج میں کھا لوں تو چلوں
آخری گیت محبت کا سنا لوں تو چلوں
میں چلا جاؤں گا
میں چلا جاؤں گا دو اشک بہا لوں تو چلوں
میں چلا جاؤں گا
***

آوازیں : محمد رفیع، آشا بھوسلے

رفیع : تیرے پاس آ کے مرا وقت گزر جاتا ہے
تیرے پاس آ کے مرا وقت گزر جاتا ہے
دو گھڑی کے لیے غم جانے کدھر جاتا ہے
آشا : جب کبھی دور سے تو مجھ کو نظر آتا ہے
پیار ہنس کر مری آنکھوں میں سنور جاتا ہے
دونوں : تیرے پاس آ کے مرا وقت گزر جاتا ہے

آشا : تو وہی ہے جسے اس دل نے صدائیں دی ہیں
تو وہی ہے جسے اس دل نے صدائیں دی ہیں
تو وہی ہے جسے نظروں نے دعائیں دی ہیں
تو وہی ہے کہ جو دل لے کے مکر جاتا ہے
رفیع : دو گھڑی کے لیے غم جانے کدھر جاتا ہے
دونوں : تیرے پاس آ کے مرا وقت گزر جاتا ہے

رفیع : جام اتنے تری مستی بھری آنکھوں سے پیئے
جام اتنے تری مستی بھری آنکھوں سے پیئے
بے خودی میں تجھے سجدے مری نظروں نے کیئے
تیرے جلوؤں میں خدا مجھ کو نظر آتا ہے
آشا : پیار ہنس کر مری آنکھوں میں سنور جاتا ہے
دونوں : تیرے پاس آکے مرا وقت گزر جاتا ہے

آشا : تیری یاد آتے ہی گھبرا کے چلی آتی ہوں
تیری یاد آتے ہی گھبرا کے چلی آتی ہوں
میں ہر اک قید کو ٹھکرا کے چلی آتی ہوں
میں نہیں آتی مجھے پیار ادھر لاتا ہے
آشا : پیار ہنس کر مری آنکھوں میں سنور جاتا ہے
رفیع : دو گھڑی کے لیے غم جانے کدھر جاتا ہے
دونوں : تیرے پاس آکے مرا وقت گزر جاتا ہے
***

جال

موسیقار: لکشمی کانت پیارے لال
آواز: محمد رفیع

اکیلا ہوں میں ہم سفر ڈھونڈھتا ہوں
محبت کی میں رہگزر ڈھونڈھتا ہوں
اکیلا ہوں میں ہم سفر ڈھونڈھتا ہوں
محبت کی میں رہگزر ڈھونڈھتا ہوں
کسی کو میں شام و سحر ڈھونڈھتا ہوں
اکیلا ہوں

یہ مہکی ہوئی رات کتنی حسیں ہے

یہ مہکی ہوئی رات کتنی حسیں ہے
مگر میرے پہلو میں کوئی نہیں ہے
مگر میرے پہلو میں کوئی نہیں ہے
محبت بھری اک نظر ڈھونڈھتا ہوں
اکیلا ہوں
مرے دل میں آ جا نگاہوں میں آ جا
مرے دل میں آ جا نگاہوں میں آ جا
محبت کی رنگین راہوں میں آ جا
محبت کی رنگین راہوں میں آ جا
تجھی کو میں او بے خبر ڈھونڈھتا ہوں
اکیلا ہوں

کدھر جاؤں ویران ہیں میری راہیں
کدھر جاؤں ویران ہیں میری راہیں
کسی کو نہ اپنا سکیں میری آہیں

کسی کو نہ اپنا سکیں میری آہیں
میں آہوں میں اپنی اثر ڈھونڈھتا ہوں
اکیلا ہوں
اکیلا ہوں میں ہم سفر ڈھونڈھتا ہوں
محبت کی میں رہگزر ڈھونڈھتا ہوں
★★★

شہید

موسیقار : غلام حیدر

آوازیں : محمد رفیع، مستان

وطن کی راہ میں وطن کے نوجواں شہید ہو
پکارتے ہیں یہ زمین و آسماں شہید ہو
وطن کی راہ میں وطن کے نوجواں شہید ہو

شہید تیری موت ہی ترے وطن کی زندگی
ترے لہو سے جاگ اٹھے گی اس چمن میں زندگی
کھلیں گے پھول اس جگہ پہ تو جہاں شہید ہو
وطن کی راہ میں وطن کے نوجواں شہید ہو

غلام اٹھ وطن کے دشمنوں سے انتقام لے
ان اپنے دونوں بازوؤں سے خنجروں کا کام لے
چمن کے واسطے چمن کے باغباں شہید ہو
وطن کی راہ میں وطن کے نوجواں شہید ہو

پہاڑ تک بھی کانپنے لگے ترے جنون سے
تو آسماں پہ انقلاب لکھ دے اپنے خون سے
زمیں نہیں ترا وطن ہے آسماں شہید ہو
وطن کی راہ میں وطن کے نوجواں شہید ہو

وطن کی لاج جس کو تھی عزیز اپنی جان سے
وہ نوجوان جا رہا ہے آج کتنی شان سے
اس اک جواں کی خاک پر ہر اک جواں شہید ہو
وطن کی راہ میں وطن کے نوجواں شہید ہو

ہے کون خوش نصیب ماں کہ جس کا یہ چراغ ہے
وہ خوش نصیب ہے کہاں یہ جس کے سر کا تاج ہے
امروہ دیش کیوں نہ ہو کہ تو جہاں شہید ہو
وطن کی راہ میں وطن کے نوجواں شہید ہو
پکارتے ہیں یہ زمین و آسماں شہید ہو
وطن کی راہ میں وطن کے نوجواں شہید ہو

***

انیتا

موسیقار: لکشمی کانت پیارے لال
آواز: لتا منگیشکر

میں دیکھوں جس اور سکھی ری

میں دیکھوں جس اور سکھی ری

سامنے میرے سانوریا

سامنے میرے سانوریا

پریم نے جوگن مجھ کو بنایا

تن کو پھونکا من کو جلایا

پریم کے دکھ میں ڈوب گیا دل

جیسے جل میں گاگریا

سامنے میرے سانوریا

رو رو کر ہر دکھ سہنا ہے

دکھ سہ سہ کر چپ رہنا ہے

کیسے بتاؤں کیسے بچھڑی

پی کے مکھ سے بانسریا

سامنے میرے سانوریا

دنیا کہتی مجھ کو دیوانی

کوئی نہ سمجھے پریم کی بانی

ساجن ساجن رٹتے رٹتے

اب تو ہو گئی باوریا

سامنے میرے سانوریا

***

بھائی بہن

موسیقار: شنکر جے کشن
آواز: آشا بھوسلے

سارے جہاں سے اچھا ہندوستاں ہمارا

ہم بلبلیں ہیں اس کی یہ گلستاں ہمارا

سارے جہاں سے اچھا ہندوستاں ہمارا

پربت ہیں اس کے اونچے پیاری ہیں اس کی ندیاں

آکاش میں اسی کے گزری ہزاروں صدیاں

ہنستا ہے بجلیوں پر یہ آشیاں ہمارا

ہم بلبلیں ہیں اس کی یہ گلستاں ہمارا

سارے جہاں سے اچھا ہندوستاں ہمارا

ویران کر دیا تھا آندھی نے اس چمن کو
دے کر لہو بچایا گاندھی نے اس چمن کو
رکشا کرے گا اس کی ہر نوجواں ہمارا
ہم بلبلیں ہیں اس کی یہ گلستاں ہمارا
سارے جہاں سے اچھا ہندوستاں ہمارا
★★★

جعلی نوٹ

موسیقار: او۔ پی۔ تیر
آواز: محمد رفیع، آشا بھوسلے

رفیع: چاند زرد زرد ہے

آشا: آہاہا

میرے دل میں پیار کا

آشا: آہاہا

ہلکا ہلکا درد ہے

آشا: آہاہا

چاند زرد زرد ہے

آشا : دل ہی جانے کتنی خوش نصیب ہوں

آج تیرے کس قدر قریب ہوں

دل ہی جانے کتنی خوش نصیب ہوں

آج تیرے کس قدر قریب ہوں

تو مرا ہے میں تری نصیب ہوں

میں نصیب ہوں

میں نصیب ہوں

رفیع : چاند زرد زرد ہے

آشا : آہاہا

چاند زرد زرد ہے

آشا : آہاہا

میرے دل میں پیار کا

میٹھا میٹھا درد ہے

چاند زرد زرد ہے

رفیع : تیرا پیار پیار ہے کہ خواب ہے

آشا : او ہوں ہوں ہوں

کس قدر یہ پیار بے حساب ہے

آشا : او ہوں ہوں ہوں

تو مرے سوال کا جواب ہے

تو مرے سوال کا جواب ہے

تو جواب ہے

تو جواب ہے

آشا : چاند زرد زرد ہے

رفیع : آہا ہا ہا

آشا : میرے دل میں پیار کا

ہلکا ہلکا درد ہے

آشا : چاند زرد زرد ہے

***

آواز : محمد رفیع، آشا بھوسلے

رفیع : دل ہے آپ کا حضور لیجیے نہ لیجیے
دل ہے آپ کا حضور لیجیے نہ لیجیے
اتنا حسن پر غرور توبہ توبہ کیجیے
آشا : شیشہ دیکھیے حضور دل نہ ہم کو دیجیے
اپنی شکل دیکھ کر توبہ توبہ کیجیے
شیشہ دیکھیے حضور دل نہ ہم کو دیجیے
اپنی شکل دیکھ کر توبہ توبہ کیجیے
رفیع : دل ہے آپ کا

رفیع : درد تیرے عشق کا ہائے کیسی چیز ہے
ہائے کیسی چیز ہے

درد تیرے عشق کا ہائے کیسی چیز ہے

ہائے کیسی چیز ہے

آشا : رکھئے اپنے پاس درد آپ کو عزیز ہے

آپ کو عزیز ہے

رکھئے اپنے پاس درد آپ کو عزیز ہے

آپ کو عزیز ہے

رفیع : دیجئے

آشا : کیا۔۔۔

رفیع : جام مگر تھوڑا تھوڑا دیجئے

اتنا حسن پر غرور توبہ توبہ کیجئے

آشا : شیشہ دیکھیے حضور

آشا : کیوں جلا رہے ہو تم آندھیوں میں یہ دیا

آندھیوں میں یہ دیا

رفیع : اس لئے کہ ایک دن تم مجھے کہو پیا

تم مجھے کھو پیا

اس لئے کہ ایک دن تم مجھے کھو پیا

تم مجھے کھو پیا

آپ کیا نشہ میں ہیں کچھ تو ہوش کیجئے

اپنی شکل دیکھ کر توبہ توبہ کیجیے

رفیع : دل ہے آپ کا

رفیع : زندگی کے باغ کا تو حسین پھول ہے

تو حسین پھول ہے

زندگی کے باغ کا تو حسین پھول ہے

تو حسین پھول ہے

آشا : آپ مجھ کو دیکھ لیں آپ کی یہ بھول ہے

آپ کی یہ بھول ہے

آپ مجھ کو دیکھ لیں آپ کی یہ بھول ہے

آپ کی یہ بھول ہے

رفیع : عاشقوں سے اس قدر بے رخی نہ کیجئے

اتنا حسن پر غرور توبہ توبہ کیجئے

آشا : شیشہ دیکھیے حضور دل نہ ہم کو دیجئے

اپنی شکل دیکھ کر توبہ توبہ کیجیے

رفیع : دل ہے آپ کا

***

آواز : محمد رفیع، آشا بھوسلے

رفیع : سچ کہتا ہوں بہت حسیں ہو
تم سے محبت ہو سکتی ہے
آشا : تم سے مل کے کوئی بھی لڑکی
اپنے آپ کو کھو سکتی ہے
رفیع : سچ کہتا ہوں بہت حسیں ہو

رفیع : چودھویں کا چاند جیسے تاروں میں حسیں
تیرے جیسا لاکھوں میں ہزاروں میں نہیں
آشا : پیار میرا پیا روٹھ جائے نہ کہیں
تو ہے میرے پاس مجھے آئے نہ یقیں
رفیع : دیکھا جو تجھے دل کھو گیا
ہو کے میرا دل میرا ہو گیا

آشا : مانے نہ جیا اب کے پیا

لے کے میرا دل باتیں نہ بنا

رفیع : سچ کہتا ہوں بہت حسیں ہو

تم سے محبت ہو سکتی ہے

آشا : تم سے مل کے کوئی بھی لڑکی

اپنے آپ کو کھو سکتی ہے

***

آنکھیں

موسیقار: مدن موہن

آواز: مکیش

پریت لگا کے میں نے یہ پھل پایا

سدھ بدھ کھوئی چین گنوایا

تم نے مجھ سے پیار کیا تھا

تم نے مجھ سے پیار کیا تھا

الفت کا اقرار کیا تھا

اپنا بنا کے پہلے پھر بسرایا

پریت کا وعدہ خوب نبھایا

پریت لگا کے میں نے یہ پھل پایا

آ کے جو دیکھے تو دکھ میرے
آ کے جو دیکھے تو دکھ میرے
کیا نہ بہیں گے آنسو تیرے
دکھ دے کے مجھ کو تو نے کیا سکھ پایا
تجھ کو بے دردی رحم نہ آیا
پریت لگا کے میں نے یہ پھل پایا

اک جھلک پھر سے دکھلا دے
اک جھلک پھر سے دکھلا دے
خوابوں میں آ کر اتنا بتا دے
دیپ بجھا کر ان نینوں کا
کس کے من کا دیپ جلایا
پریت لگا کے میں نے یہ پھل پایا
سدھ بدھ کھوئی چین گنوایا

***

آواز : محمد رفیع

ہم عشق میں برباد ہیں برباد رہیں گے
دل روئے گا تیرے لئے آنسو نہ بہیں گے
ہم عشق میں برباد ہیں برباد رہیں گے
برباد رہیں گے

سینے میں چھپا رکھیں گے ہم راز محبت
ہم راز محبت
اے جان وفا تجھ سے محبت نہ کریں گے
تجھے رسوا نہ کریں گے
برباد رہیں گے

قسمت سے شکایت ہے گلہ تجھ سے نہیں ہے
گلہ تجھ سے نہیں ہے

تو نے جو دئے درد وہ ہنس ہنس کے سہیں گے
برباد رہیں گے

ڈھونڈیں گی نہ اب تجھ کو یہ بے نور نگاہیں
یہ بے نور نگاہیں
تو سامنے بھی آئے تو دیکھا نہ کریں گے
ہم عشق میں برباد ہیں برباد رہیں گے
دل روئے گا تیرے لئے آنسو نہ بہیں گے
ہم عشق میں برباد ہیں برباد رہیں گے
برباد رہیں گے
***

ریشمی رومال

موسیقار : بابل
آوازیں : منا ڈے ، آشا بھوسلے

منا ڈے : زلفوں کی گھٹا لے کر ساون کی پری آئی
زلفوں کی گھٹا لے کر ساون کی پری آئی
آشا : برسے گی ترے دل پر ہنس ہنس کے جو لہرائی
برسے گی ترے دل پر ہنس ہنس کے جو لہرائی
منا ڈے : زلفوں کی گھٹا لے کر

مچلے ہوئے اس دل میں ارمان ہزاروں ہیں
بیتاب نگاہوں میں طوفان ہزاروں ہیں

تجھ سے نہ بچھڑنے کی اس دل نے قسم کھائی

آتی ہو تو آنکھوں میں بجلی سی چمکتی ہے
شاید یہ محبت ہے آنکھوں سے چھلکتی ہے
چھوڑوں نہ ترا دامن میں ہوں ترا سودائی
سرخی ہے محبت کی ان پھول سے گالوں میں
کیا چیز میں لائی ہوں ان آنکھوں کے پیالے میں
آ تجھ کو بتا دوں میں او حسن کے شیدائی

***

آواز : طلعت محمود

جب چھائے کبھی ساون کی گھٹا
رو رو کے نہ کرنا یاد مجھے
اے جان تمنا غم تیرا
کردے نہ کہیں برباد مجھے
جب چھائے کبھی ساون کی گھٹا

جو مست بہاریں آئی تھی
وہ روٹھ گئیں اس گلشن سے
جو مست بہاریں آئی تھی
وہ روٹھ گئیں اس گلشن سے
جس گلشن میں دو دن کے لیے
قسمت نے کیا آباد مجھے
جب چھائے کبھی ساون کی گھٹا

وہ راہی ہوں، پل بھر کے لیے
جو زلف کے سائے میں ٹھہرا
اب لے کے چلی ہے دور کہیں
اے عشق تری بیداد مجھے
جب چھائے کبھی ساون کی گھٹا

اے یادِ صنم اب لوٹ بھی جا
کیوں آ گئی تو سمجھانے کو
مجھ کو مرا غم کافی ہے
تو اور نہ کرنا شاد مجھے
جب چھائے کبھی ساون کی گھٹا
رو رو کے نہ کرنا یاد مجھے
جب چھائے کبھی ساون کی گھٹا

★★★

ضدی

موسیقار : کھیم چند رپرکاش
آواز : لتا منگیشکر

تجھے او بے وفا ہم زندگی کا آسرا سمجھے
تجھے وا بے وفا ہم زندگی کا آسرا سمجھے
بڑے نادان تھے ہم ہائے سمجھے بھی تو کیا سمجھے
بڑے نادان تھے ہم ہائے سمجھے بھی تو کیا سمجھے

محبت میں ہمیں تقدیر نے دھوکے دئیے کیا کیا
دھوکے دئیے کیا کیا
جو دل کا درد تھا اس درد کو ہم دل کی دوا سمجھے

جو دل کا درد تھا اس درد کو ہم دل کی دوا سمجھے
بڑے نادان تھے ہم ہائے سمجھے بھی تو کیا سمجھے

ہماری بے بسی یہ کہہ رہی ہے رو رو کے
ڈبویا اس نے کشتی کو جسے ہم ناخدا سمجھے
ڈبویا اس نے کشتی کو جسے ہم ناخدا سمجھے
بڑے نادان تھے ہم ہائے سمجھے بھی تو کیا سمجھے

کدھر جائیں کہ اس دنیا میں کوئی بھی نہیں اپنا
آ~آ~~آ
اسی نے بیوفائی کی جسے جان وفا سمجھے
اسی نے بیوفائی کی جسے جان وفا سمجھے
بڑے نادان تھے ہم ہائے سمجھے بھی تو کیا سمجھے
***

دو بھائی

موسیقار : سچن دیو برمن
آواز : گیتا دت

مرا سندر سپن بیت گیا
مرا سندر سپن بیت گیا
میں پریم میں سب کچھ ہار گئی
بے درد زمانہ جیت گیا
مرا سندر سپنا بیت گیا

کیوں کالی بدریا چھائی ہے

کیوں کلی کلی مسکائی ہے
کیوں کالی بدریا چھائی ہے
کیوں کلی کلی مسکائی ہے
مری پریم کہانی ختم ہوئی
ختم ہوئی
مرا جیون کا سنگیت گیا
مرا سندر سپنا بیت گیا

او چھوڑ کے جانے والے آ
دل توڑ کے جانے والے آ
آنکھیں انسون میں ڈوب گئیں
ڈوب گئیں
ہنسنے کا زمانہ بیت گیا
مرا سندر سپنا بیت گیا

ہر رات میری دیوالی تھی
میں پیا کی ہونے والی تھی
اس جیون کو اب آگ لگے ،
آگ لگے
اس جیون کو اب آگ لگے

مجھے چھوڑ کے جیون میت گیا
میرا سندر سپنا بیت گیا
میں پریم میں سب کچھ ہار گئی
بے درد زمانہ جیت گیا
مرا سندر سپنا بیت گیا
***

معصوم

موسیقار : رابن مکرجی
آوازیں : آرتی مکرجی، سدھیر سین، کورس

آرتی، سدھیر : ہمیں ان راہوں پر چلنا ہے
جہاں گرنا اور سنبھلنا ہے
ہمیں ان راہوں پر چلنا ہے
جہاں گرنا اور سنبھلنا ہے
ہم ہیں وہ دیئے، اوروں کے لئے
جنہیں طوفانوں میں جلنا ہے

کورس : ہمیں ان راہوں پر چلنا ہے
جہاں گرنا اور سنبھلنا ہے

آرتی، سدھیر : جب تک نہ لگن ہو سینے میں
بیکار ہے ایسے جینے میں
جب تک نہ لگن ہو سینے میں
بیکار ہے ایسے جینے میں
چڑھنا ہے ہمیں چندا کی طرح
سورج کی طرح نہیں ڈھلنا ہے
کورس : ہمیں ان راہوں پر چلنا ہے
جہاں گرنا اور سنبھلنا ہے
ہم ہیں وہ دئیے اوروں کے لئے
جنہیں طوفانوں میں جلنا ہے
ہمیں ان راہوں پر چلنا ہے
جہاں گرنا اور سنبھلنا ہے

آرتی، سدھیر: میں پاس رہوں یا دور رہوں
یہ بات ابھی تم سے کہہ دوں
میں پاس رہوں یا دور رہوں
یہ بات ابھی تم سے کہہ دوں
ہنسنا ہی نہیں پھولوں کہ طرح
دیپک کی طرح ہمیں جلنا ہے
کورس: ہمیں ان راہوں پر چلنا ہے
جہاں گرنا اور سنبھلنا ہے
ہم ہیں وہ دئیے اوروں کے لئے
جنہیں طوفانوں میں جلنا ہے
ہمیں ان راہوں پر چلنا ہے
جہاں گرنا اور سنبھلنا ہے

آرتی، سدھیر: آکاش سے آتی ہے یہ صدا
غم آئے اگر تو جی نہ ڈھلا

آکاش سے آتی ہے یہ صدا
غم آئے اگر تو جی نہ ڈھلا
کبھی غم ہیں یہاں، کبھی ہیں خوشیاں
ہر حال میں ہم کو پلنا ہے
کورس : ہمیں ان راہوں پر چلنا ہے
جہاں گرنا اور سنبھلنا ہے
ہم ہیں وہ دئیے اوروں کے لئے
جنہیں طوفانوں میں جلنا ہے
کورس : ہمیں ان راہوں پر چلنا ہے
جہاں گرنا اور سنبھلنا ہے
ہم ہیں وہ دئیے اوروں کے لئے
جنہیں طوفانوں میں جلنا ہے
ہمیں ان راہوں پر چلنا ہے

***

میرا سایہ

موسیقار : مدن موہن

آواز : محمد رفیع

آپ کے پہلو میں آ کر رو دیئے،
داستانِ غم سنا کر رو دیئے،
آپ کے پہلو میں آ کر رو دیئے

زندگی نے کر دیا جب بھی اداس
زندگی نے کر دیا جب بھی اداس
آ گئے گھبرا کے ہم منزل کے پاس
سر جھکایا، سر جھکا کر رو دیئے،
آپ کے پہلو میں آ کر رو دیئے

شام جب آنسو بہاتی آ گئی
شام جب آنسو بہاتی آ گئی
ہر طرف غم کی اداسی چھا گئی
دیپ یادوں کے جلا کر رو دئیے،
آپ کے پہلو میں آ کر رو دئیے

غم جدائی کا سہا جاتا نہیں
غم جدائی کا سہا جاتا نہیں
آپ کے بن اب رہا جاتا نہیں
پیار میں کیا کیا گنوا کر رو دیے،
آپ کے پہلو میں آ کر رو دئیے
داستان غم سنا کر رو دئیے،
آپ کے پہلو میں آ کر رو دئیے
***

مٹی میں سونا

موسیقار: اوپی تیر
آواز: آشا بھوسلے

پوچھو نہ ہمیں ہم ان کے لئے
کیا کیا نذرانے لائے ہیں
دینے کو مبارکباد انہیں
آنکھوں میں یہ آنسو آئے ہیں
آنکھوں میں یہ آنسو آئے ہیں

جیون کی سہانی راہوں میں ان کو ایک جیون میت ملا
اور ہنستی ہوئی اس محفل سے ہم کو برہا کا گیت ملا
کلیوں کی طرح۔۔۔

مسکائے تھے ہم۔۔۔
کلیوں کی طرح مسکائے تھے ہم
پھولوں کی طرح مرجھائے ہیں
پوچھو نہ ہمیں ہم ان کے لئے۔۔۔

طوفان ہزاروں ساتھ لیے جیون کی دھارا بہتی ہے
اور دیکھ کے اس کی موجوں کو تقدیر یہ ہنس کر کہتی ہے
ساحل کے لیے جو۔۔۔
تڑپے تھے۔۔۔
ساحل کے لیے جو تڑپے تھے
وہ آج بھنور میں آئے ہیں
پوچھو نہ ہمیں ہم ان کے لئے۔۔۔
★★★

تشکر : ریختہ ڈاٹ آرگ ، لرکس انڈیا ڈاٹ نیٹ